한국디카시학 디카시선 026

바다가 건네는 말

박소언 디카시집

도서출판 실천

바다가 건네는 말
한국디카시학 디카시선 026

초판 1쇄 인쇄 | 2024년 10월 21일
초판 1쇄 발행 | 2024년 10월 28일

지 은 이 | 박소언
펴 낸 이 | 이어산
엮 은 이 | 이어산
기 획 · 제 작 | 한국디카시학회
발 행 처 | 도서출판 실천
등 록 번 호 | 서울 종로 바00196호   등 록 일 자 | 2018년 7월 13일
　　　　　 | 진주제2021-000009호　　　　　　　 | 2021년 3월 19일
서울사무실 | 서울특별시 종로구 율곡로 6길 36
　　　　　　 02)766-4580, 010-6687-4580

본사사무실 | 경남 진주시 동부로 169번길 12, 윙스타워지식산업센터 A동 705호
　　　　　　 055)763-2245, 010-3945-2245 팩스 055)762-0124

편 집 · 인 쇄 | 도서출판 실천

ISBN 979-11-92374-63-5
값 10,000원

* 이 책은 전부 또는 일부 내용을 재사용하려면 저작권자와 '도서출판 실천'의
  동의를 받아야 합니다.
* 이 책의 국립중앙도서관 출판예정도서목록(CIP)은 서지정보유통지원시스템(http://seoji.nl.go.kr)과 국가자료종합목록시스템(http://www.nl.go.kr/kolisnet)에서 이용하실 수 있습니다.
* 잘못된 책은 교환해드립니다

이 책은 대전문화재단, 대전광역시에서 사업비 일부를 지원받았습니다.

바다가 건네는 말

박소언 디카시집

■ 시인의 말

짧은 말들에게서

하염없는 이야기를 들었다

"뒷모습을 찍어"

작아진 모습이 담겼다

그러므로

나는 믿는다

2024년 시월에

박 소 언

■ 차례

1부
신의 행방

신의 행방 · 14

풍경 · 16

소실점 · 18

연緣 · 20

오체투지 · 22

돛단배 · 24

섬 · 26

대전엑스포 93 · 28

집으로 가는 길 · 30

위험한 집 · 32

또 다른 여정 · 34

역 · 36

모루에게서 · 38

2부
물구나무

물구나무 · 42

거울 · 44

은지화 · 46

목척교 · 48

소금 · 50

외나무다리 · 52

마음 · 54

등 · 56

정령치에서 · 58

사유의 방 · 60

미술 시간 · 62

품안 · 64

산문山門 · 66

3부
바다가 건네는 말

바다가 건네는 말 · 70
부케 · 72
직립 보행 · 74
팀워크 · 76
말줄임표 · 78
부부 · 80
오로라보다 더 · 82
부부도 · 84
쌍무지개 다리 · 86
사랑 · 88
백년해로 · 90

4부

상처

상처 · 94

하관下棺 · 96

하얀 조등 · 98

파과 · 100

소대燒臺 · 102

Bourgogne의 11월 · 104

100년의 감정 · 106

닻밭 · 108

겸손 · 110

월식 · 112

명자 · 114

5부
하심下心

하심下心 · 118

묘비명 · 120

숫눈 통증 · 122

아버지 생각 · 124

엄마의 마당 · 126

그리움 · 128

삶 · 130

걸음마 · 132

백문이 불여일견 · 134

나비잠 · 136

천년 동안 · 138

빈 고향 · 140

해설 · 142

1부

신의 행방

신의 행방

흙냄새 벗어 놓고

그리, 발길 돌리시더니

겨우, 마룻바닥에 정박한

하얀 쪽배

풍경

절벽에 매달려

푸른 선율로 화답하는 메아리

물고기 한 마리가 파도를 헤치고

소실점

점점 좁아지는

초록 숲 나무 지팡이가 전부인

나직나직 따라가고픈

노승의 뒷모습

연緣

뭉클 쏟아지는 눈물

진흙 속에서도 푸르게 번지는

너를 보며

오체투지

가장 낮은 자세로

느

리

게

돛단배

섬에 가고 싶어

창가에 기대어 초록 커텐을 반으로 접었다

메추리알로 용골龍骨을 만들었다

언제쯤 섬에 닿을 수 있을까

섬

진정한 고독인가

낭만의 로망인가

저 우아한 고립

대전엑스포 93

하프의 음색이 하늘에 울려 퍼지던

한줄기 빛이 도약을 꿈꾸던

미래로 솟아오르는 원뿔의 탑

멀찌감치 보아도

그날은, 꿈돌이와 함께한 세계적인 날

집으로 가는 길

겨우 몇 발짝 기억은 또렷한데

처음 가 보는 길이라며

후다닥 어디서 나타날 것 같은

말없음표 몇 개

위험한 집

하필, 하필 여기였을까

경계선을 넘는 순간 거기가 끝인데

모른 척할 수는 없어

풀숲에 옮겨주고 돌아와서도 안부가 궁금하다

또 다른 여정

울창한 집을 나와

목, 빠지게 기다리다

그대로

날지 못하는 새가 되었다

어디선가 목청木靑 소리 울려들 것 같다

역

두 어깨 우뚝 서고

시계줄 불이 켜지면

오고가는 사람 꽃 레일 위를 달린다

시간 뿌예졌어도

대전발 0시 50분 떠오르는

모루에게서

뜨거움 달래며 날카로이 빚던

메질소리

홀로 달아올랐다 단단하게 식어버린

불의 시간

잡다하다 하지 마라

2부

물구나무

물구나무

하늘이 바다인 줄 알고 물구나무선 산호나무

거울

반쪽을 펼쳐 놓으며

서로가 서로의 그림자 되어

더불어 살자 한다

잠잠한 물의 방에서

은지화

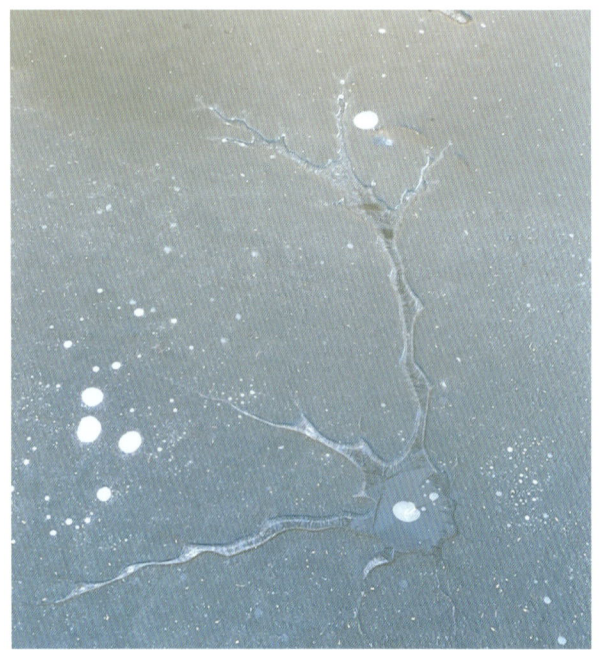

자폭하듯

얼음 호수 위에 뜬

하얀 별

쩍 갈라진 만큼 엉겨 붙는다

시리고 빛나는 이 순간이 사라져 버릴까 봐

목척교

풀섶에 나물 캐던 언니

천변에 빨래하던 어머니

다리 위에 행상하던 할머니

하얀 섬 만들어 놓고

뼛속 깊이 구멍구멍 숨 쉬고 있네

소금

녹지도

시들지도

썩지도 못하고

굳어 버린 눈물의 화석

외나무다리

흐르는 강물 따라

앞서 갈 수도 뒤서 갈 수도 없는

한 발 한 발 건너가야 하는 길

물 흐르듯이

마음

눈부시게 푸른 계절에도

삶은 늘 가팔라서

떨리는 손끝이 빚어낸 곡예 같은 시간

불안해서 행복한

행복해서 불안한

등

초록이 번지고 있으니

금세 꺼질 텐데

나무가 켠 등불 하나

정령치에서

꼬불꼬불 오르다 보면

고리봉, 백두대간

시간의 파도 속에서 최면에 걸린다

수리수리마수리

긴 목을 타고 울음이 터질 듯한 그 얼굴

사유의 방

쪼그려 앉아

풍파에 걸려 넘어지던 세상 시름

싸질러보리라

속 시원히 뒤를 까 보이리라

미술 시간

색종이로 종이접기를 했어요

선이 생겨나고

세모가 만들어졌지요

위험, 이란 제목을 붙이고 알았어요

잘라 낼 수 없는 세상이라는것을

품안

좁아지는 둥지 안에 숨차게 너를 낳았지

난간에 기댄 초라한 집에

어느땐가 껍데기만 남겠지

그래도, 부디

산문山門

쇠줄 같은 시간을 돌고 돌아왔더니

문고리 환하도록 걸어둔 말씀

한뎃잠 자지 말고 언제고 들어오니라

3부

바다가 건네는 말

바다가 건네는 말

어떤 생이든지

이쪽과 저쪽을 이어주라고

배 한 척 내어주라고

누군가에게 견고한 지지대가 되어주라고

부케

두근거리는 보랏빛 심장

하얀 카펫 깔리는

오월의 새 신부

직립 보행

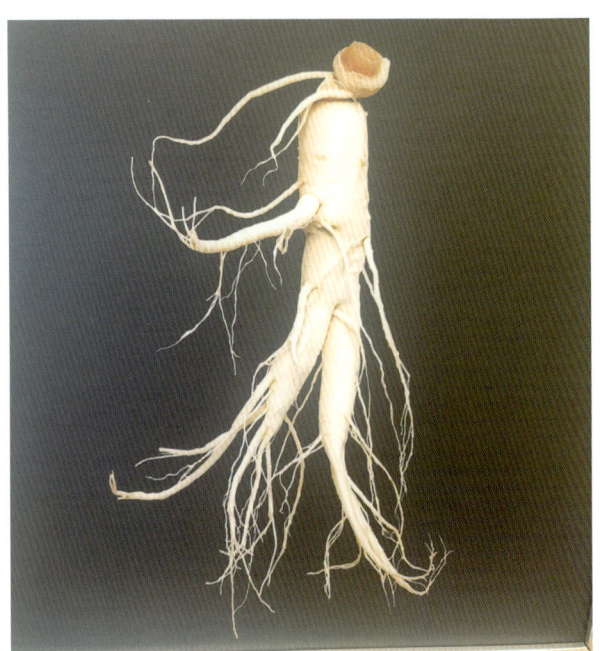

어두운 길을 위풍당당 걸어 나오는

실팍한 저 사지

눈동자에 불을 밝히고 바람결에 스카프 휘날리며

태나게

더, 향기롭게

팀워크

작전타임 중

넘어지지마

버텨내야 설 수 있어

말줄임표

구름과 풀밭 사이

물빛 퍼레이드

먼 호수에 묻어 둔

초록 그늘에 숨겨 둔

못다 한 말들

부부

찢어지면서도

넘어지면서도

한몸으로 살아가는 사이

그 사이 초록잎 무성한

오로라보다 더

깊게

글썽거려도

다, 보여

부부도

물끄러미 바라보았어요

일치도 복종도 아니었지요

버들잎 띄워 영원 하자던 증인이 아니던가요

물 위에 비친 나의 그림자

쌍무지개 다리

하버브릿지가 이보다 아름답진 않았어

빨간 불 하나 없이

물 위에 뜬 단 하나의 색으로 물들어가는 우리

숨구멍만 한 파란波瀾이 일어도

사랑

너, 하나만 본다

백년해로

다 삭아버린 옹이

부러진 등골 동여맨 몸

받치고 서서

둘이 한몸이 되어

4부

상처

상처

바위만큼이나 단단한 삶이었지

수만 리 길 모든 게 흐릿하건만

언제 베인 상처던가

내게 길을 내어주고 있었구나

하관下棺

아버지 돌아오시려나

청록색 강을 건너

하얀 조등
−노근리 학살 현장

하얀 조등인가

감지 못한 눈동자인가

하늘로 떠오르는 그날

7월의 넋인가

파과

도려내고 나서야 알았어

파고들수록 퍼지는 속살의 향내

붉은 심장 두근두근

흠집 나고 못난

그 내면이 한층 달콤하다는 것을

소대燒臺

닫혀버린 검은 문

연기 타고

저 하늘에 닿아 성불하시라

속세를 배웅하는

대나무 상주喪主

Bourgogne의 11월

하늘이 자꾸만 가까이 다가오고

갈수록 길은 좁아져도

바싹 마른 가랑잎 스카프처럼 날리고

노랗고 까맣고 빨갛고 알알이 생기롭게 시들어가는

반드러운 포도나무 종아리를 쓰다듬어 보는

100년의 감정
- 소제동 철도 관사촌

얼마나 더 서 있을까

문패는 하늘을 향하고

나무는 허공을 헤매고

종일 침대에 묶여

링거 맞으며 연명중인 세월

닻밭

주먹만 한恨 눈물로 배웅합니다

누운 간격 속에서 하염없이 붉은 바다를 건너가는

거짓말 같은 4월의 차갑던 하루가

일렬종대, 파르라니 한 거수례 한

바다의 별이 된 푸른 수병들

겸손

익을수록 고개를 숙인다고 합니다

초록 방석에 앉아

옆구리 따갑게 찔러대도

쳐들지 않는

허수아비 하나 보이지 않는

월식

여리다고 외면하지마

지구 한가운데

달을 품은 여자勵磁야

명자

명자

피 한 방울 안 흘리고

핀

불같아서

핑 도는 눈물

5부

하심下心

하심下心

초록 계단 따라

처마를 꿰뚫고 내려오는

기운

햇살 그림자가 전원을 켜면

저 속세, 가붓하겠다

묘비명

암이라니

그냥, 속살에 숨어있지

무슨 소리야

살 만큼 살았으니

저 신록 앞에 기념비적인 기둥이 되어줘야지

숫눈 통증

높다랗게 쌓인

촛농 같은 눈물이

녹아내린다

찡하게

아버지 생각

한기 닿지 말라고 칭칭 감아주던

그 손길

따사로운 풍경 하나 품고 살았네

엄마의 마당

까부르고 까부르고 까불렀을

엄마의 계절을 읽는다

쭉정이가 심장을 콕 찌르자

양은다라이 가득 출렁인다

울컥, 보이지 않는 티끌까지

그리움

담벼락 단풍도
가을걷이 고추밭도
손때 묻은 재봉틀도

하늘까지 그대로인데

어머니 모습만 보이지 않네

삶

꽃길만 걷고 싶어서

돌멩이 하나까지 욕심부리더니

나무 지팡이 하나로는 버거운

생의 무게

걸음마

첫 발 떼던 날

그날처럼

왜, 오늘도

눈시울이 붉어지는지

백문이 불여일견

세 살배기 그림 감정사는

눈과 귀에 발을 떼지 못하고요

물러나지도 덥석하지도 않는 호기심이 손을 재촉하고요

장난감 기차를 망원경으로 보는 몸짓이

때가 묻지 않았고요

나비잠

덤불 속
새근새근 잘 자라 우리 아기

봄날에 잠든 우리 엄마처럼
잘 자라 우리 아기

천년 동안

파란 하늘호수에 잠들고 싶은 나무

복줄에 매달리는 사람들

봄 여름 가을 겨울 천년을 살다가

그늘 한 점 없어도 운명이 되어버린

사람과 나무 사이를 묶는 수천 개의 마음들

빈 고향

셋이서 여기 앉아 매일 기다렸다
함께 쌓아 놓은 돌담 가 무던히 따땃하더라

뭉게뭉게 피어나는
어머니의 말소리

□ 해설

디카시로 찾아내는 일상적 삶의 시적 진실과 진정성

복효근 (시인)

 대부분의 예술이 그렇듯이 디카시는 일상생활 속에서 이루어진다. 디카시의 창작은 구체적 형상을 지닌 사물과 풍경 이미지를 바탕으로 한다. 시적 상상의 단초가 형상적이고 시각적이어서 창작하는 데에도 효과적이고 독자에게도 어렵지 않게 다가갈 수 있게 해 준다. 작금의 디카시 붐이 이러한 이유를 배경으로 하고 있다. 본격 예술이라고 하는 분야는 전문지식과 예술적 소양이 필요해서 접근하는데 많은 에너지와 시간이 필요하다. 그런데 디카시는 비교적 쉽게 접근할 수 있다는 데 큰 장점이 있다. 사람마다 안고 있는 예술적 표현 욕구를 비교적 어렵지 않게

성취하게 해 주는 데 디카시는 매우 유용하다. 물론 디카시도 본격 예술 못지않은 깊이와 감동을 줄 수 있음은 물론이다. 많은 디카시 작품이 선을 보이면서 개인의 감정과 사유가 디카시만의 독창적인 기법으로 표현되고 있을 뿐만 아니라 우리 사회가 안고 있는 문제까지도 깊이 있게 닿아가고 있음을 본다. 그러니까 기존의 '시'와 그 외양과 기법에 차이를 가지고 있긴 하지만 디카시도 시가 가지고 있는 예술적 감동과 심미적 효용은 다르지 않다.

 박소언 시인의 디카시가 담고 있는 시적 스펙트럼도 다양하다. 일상적 삶 속에서 인간의 내면을 돌아보는 냉철한 성찰적 시각이 있는가 하면 역사적 아픔에 대한 연민의 눈길도 담겨 있다. 존재하는 것들의 관계에 대한 섬세한 관찰, 자존에 대한 사유들이 그의 디카시에 내재되어 있다.

꽃길만 걷고 싶어서

돌멩이 하나까지 욕심 부리더니

나무 지팡이 하나로는 버거운

생의 무게

_「삶」

위 작품은 인간의 욕망에 대한 사유라 하겠다. "꽃길만 걷고 싶은" 것은 보통 사람들의 소박한 욕망이다. 편하고 평화롭고 풍요로운 인생을 꿈꾸는 것이다. 그러나 제시된 사진 이미지는 욕심을 너무 많이 부려서 등에 짐을 많이 지고 있는 모습이다. 지팡이를 짚고 있으나 등에 진 짐이 너무 무거워 보인다.

일부러 만들어낸 상황 같지는 않은데 우연한 장면을 잘 포착하였다. 순간 인간의 과욕에 대해 생각했을 것이고 사진과 생각이 만나 한편의 디카시로 형상화되었다. 디카시를 직관의 예술이라 한 것도 바로 이러한 경우 때문에 붙여진 이름이다.

 사실 "꽃길만 걷는다"는 것은 불가능에 가까운 것이다. 인간이 살아가는 길에 어찌 꽃길만 있겠는가? 때론 팍팍한 자갈길도 나오고 삭막한 사막이거나 아스팔트 뜨거운 길도 나온다. 축복하는 말이거나 소원이 담긴 말이긴 하지만, 꽃길만 예상했다간 갑작스러운 수많은 변수를 감당하지 못한다. 가파르고 험한 길도 있을 거라는 예상과 그에 따른 준비와 근력을 길러야 하는 게 삶이다. 욕심만 가지고 되는 것이 아니라는 잠언적 교훈까지 담겨 있다.

찢어지면서도

넘어지면서도

한몸으로 살아가는 사이

그 사이 초록잎 무성한

_「부부」

　커다란 나무 하나가 강물 쪽으로 휘어져 쓰러질 듯 버티고 있다. 심하게 휘어지는 통에 나무본줄기가 절반으로 쪼개지고 있는 모습이다. 시인은 이 둘로 쪼개어지면서도 서로를 껴안고 버티고 있는 모습을 부부로 본다. 찢어지는 아픔과 곧 땅에 닿을 듯 넘어지면서도 서로를 부축하는 모습이 부부 사이라는 뜻일 게다. 그 아픔을 서로에게 들이고 나누며 한 방향으로 나아가는 삶이 부부의 삶이라는 것이다. 초록잎이 무성한 것은 바로 그 덕분이다. 행복하기 때문에 아픔을 나눌 수 있는 것이 아니라 아픔을 나누었기에 행복한 것이다. 푸른 잎 무성하게 피우며 살아있는 것, 이 부분이 팩트이다.

　사랑으로 굳게 맺은 부부라 할지라도 때론 감당하

기 어려운 상황에 부딪힐 때가 있다. 그럴 때 자연에서 얻은 이러한 장면과 거기에 의미를 부여한 사유가 큰 힘으로 작용할 수가 있다. 종교적 가르침이나 성인의 교훈도 그렇지만 자연이 주는 미학적 감동을 형상화한 디카시도 우리에게 큰 울림을 준다.

섬에 가고 싶어

창가에 기대어 초록 커튼을 반으로 접었다

메추리알로 용골龍骨을 만들었다

언제쯤 섬에 닿을 수 있을까

_「돛단배」

앉은부채라는 식물을 찍은 이미지다. 동그랗게 생긴 노란 구슬이 꽃이고 보랏빛으로 감싼 것이 '포'라고 하는 것이다. 봄이 깊어지면 여기에 잎이 돋는다. 이 모습을 보고 시인은 동화적 상상을 펼친다. 전체적인 모양이 배 모양이다. 파란 잎은 돛 모양인데 시적 화자가 바다를 항해하여 먼 섬에 가 닿고 싶은 꿈을 꾸며 커튼을 접어 만든 돛으로 상상한 것이다. 배의 용골은 메추리알 모양인데 동화적 발상이 작용하고 있다.

인간은 꿈꾼다. 현실에서 실현 불가능한 꿈이다. 동화 속에서나 가능한 꿈을 꾸며 현실의 고달픔을 잊고 위안을 얻는다. 문학의 소중한 기능이기도 하다. 시인은 꿈꾸는 존재다. 그 꿈에 감염된 독자도 함께 꿈꾼다. 인간은 누구나 현실에 얽매여 살고 있으며 미지의 세계로 탈출을 꿈꾼다. 동화적 상상력에 바탕을 둔 한 편의 디카시가 그러한 인간의 원초적 자유에 대한 욕망을 그려내는 예가 되겠다.

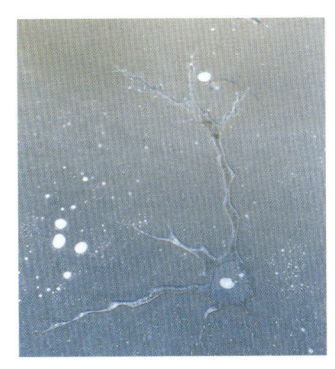

자폭하듯

얼음 호수 위에 뜬

하얀 별

쩍 갈라진 만큼 엉겨 붙는다

시리고 빛나는 이 순간이 사라져 버릴까 봐

_「은지화」

  시에서는 과장법이 쓰이기도 하고 어떤 현상을 전혀 비현실적인 것에 비유하기도 한다. 비현실적인 관념을 구체적 사물로 그려내기도 한다. 착시로 인한 환상을 실제적 상황으로 그려내기도 하며 실제적 현실을 환상적이고 몽환적 판타지로 그려내기도 한다. 마찬가지로 디카시에서도 실제가 아니라 실제를 착시하며 포착된 이미지를 바탕으로 시를 쓰기도 한다. 사진 이미지 속의 사물이나 현상이 사실 그대로냐 아니냐가 중요한 게 아니다. 때로는 포착된 이미지가 '무엇 같으냐'를 가지고 의미를 만들어내기도 하는 것이다.

 위 사진 이미지는 빙판에 어떤 충격이 가해지고 균열이 생기면서 얼음 표면의 물이 충격이 가해지는 방향으로 흩어져 흐른 자국으로 보인다. 시인은 그 흔적을 '하얀 별'로 본다. 별은 흩어졌다. 그러나 바로 그 흩어진 별들은 잔해가 다시 모여 엉겨 붙는다. 이미지에 대한 시인의 해석이다. 실제적 상황이기보다는 시인의 소망이 반영된 상상이라고 하겠다. 그 이유는 충격이 가해지고 흩어져 별이 되는 그 아픈 순간도 소중하기 때문이라는 것이다. 별이 되는 순간이라니. 더구나 충격의 아픔, 흩어지는 아픔이 별이라니! "번뇌는 별빛"이라는 표현과 같이 고통과 번뇌, 슬픔을 승화시키려는 사유의 표현이라고 하겠다.

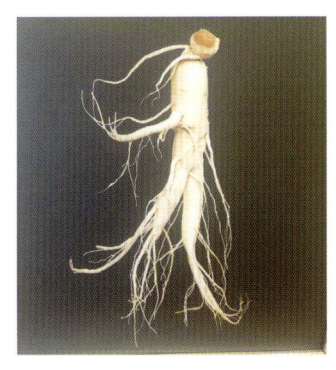

어두운 길을 위풍당당 걸어 나오는

실팍한 저 사지

눈동자에 불을 밝히고 바람결에 스카프 휘날리며

태나게

더, 향기롭게

_「직립 보행」

　인삼 뿌리를 보고 얻은 이미지에서 사유가 펼쳐진다. 인삼 뿌리에게 시인의 자아가 투사된 것으로 보인다. 인삼은 사람이 보무도 당당하게 걷는 모습을

하고 있다. '실팍한 사지'로 힘차게 걸어 나온다. 그는 어둠 속을 뚫고 나온다. 어두운 배경이 그것을 말해 준다. 그가 암울하고 답답하고 슬프고 절망적인 상황에 놓여있었다는 뜻이겠다. 시인이 처했던 암담한 현실을 말한 것이다. 그는 "눈동자에 불을 밝히고" "스카프를 휘날리며" 걸어 나온다.

그러니까 이 시는 위풍당당한 모습을 자신에게 또 시를 공유하는 이에게 주문하는 것이라 보면 된다. 어둠을 박차고 위풍당당하게 눈에 불을 켜고 앞을 향하여 나가기를 주문하는 것이다. 시는 일단은 자아에게 자아의 위치를 묻고 어떻게 할 것인가를 묻는 질문이라고 할 수 있다. 독서는 그런 심리상태를 상상하고 공감하며 자신의 것으로 받아들여 정서적으로 수용하는 행위일 것이다. 디카시는 시각적 이미지를 제시함으로써 훨씬 효율적으로 이를 가능케 하고 있다. 디카시가 가지는 커다란 장점이라 하겠다.

흐르는 강물 따라

앞서 갈 수도 뒤서 갈 수도 없는

한 발 한 발 건너가야 하는 길

물 흐르듯이

_「외나무다리」

좁다란 외나무다리가 강을 가로질러 길게 이어져 있다. 이 다리는 교행이 매우 어려워 한 사람이 겨우 건널 수 있도록 만들어졌다. 바쁘다고 추월하기도 어렵다. 강물이 흘러가는 것처럼 앞 사람 뒤를 따라갈 수밖에 없다. 그야말로 한 발 한 발 발을 옮겨 차분히 건너야 한다.

이 작품은 순리에 대해 말하고 있다. 아무리 바빠

도 바늘허리 매어 못 쓰듯 세상에 순리를 거슬러 살 수 없다. 그리고 천천히, 차근차근, 한 땀 한 땀 채워가는 성실함만이 삶을 충일하게 한다는 지혜를 말하고 있다. 메시지를 전달하기에 매우 적절한 풍경을 이미지로 포착했다. 추억이나 기념사진으로 그칠 수 있는 이미지가 삶의 순리를 담아내는 디카시 작품이 되었다. 이처럼 디카시는 직관적인 착상으로부터 이미지를 얻고 삶의 보편적인 진실을 찾아내기도 한다. 일반적인 시와 크게 다르지 않으면서 또 시와는 다른 방법으로 메시지를 생성하고 감동을 주는 것이다.

눈부시게 푸른 계절에도

삶은 늘 가팔라서

떨리는 손끝이 빚어낸 곡예 같은 시간

불안해서 행복한
행복해서 불안한

_「마음」

 커다란 굴참나무 수피에 깊게 파인 상처가 생기고 거기에 틈이 생겼다. 사람들이 지나다니면서 작은 돌을 주워 그 틈에 작은 돌탑을 쌓았다. 나무 둥치는 살짝 기울었으나 작은 돌로 그 기울기를 보정하고 곧게 돌탑을 쌓았다. 세상은 푸른 녹빛으로 평화로운 것 같지만 저 이미지 속의 굴참나무처럼 누구나가 마음엔 가파른 기울기가 있어서 누구나 슬픔이 있고 절망이 있고 고뇌와 고통이 있다. 그 기울기가 있음으로 해서 우리는 비로소 균형을 잡으려 노력하고 슬픔과 절망과 고뇌가 없는 저 높은 곳을 꿈꾼다. 그리고 기도한다. 탑은 그 기도와 소망의 상징이다. 언제 불행이 닥칠지 모른다는 불안을 안고 살아가면서 역설적으로 그 불안 때문에 우리는 참다

운 행복을 그리는 것인지도 모른다. 그 행복을 그리는 우리의 손길은 그래서 사뭇 간절함으로 떨린다. 그 간절함이 빚어내는 균형은 그래서 곡예와 같이 또 불안하기도 하다. 어쩌면 이 불안은 행복의 조건인지도 모른다. 불안 없이 행복의 의미를 알 수 있을까? 우리는 그 양립할 수 없는 두 가지 반대 개념의 심리상태 속에서 역설적 삶을 영위한다. 나무둥치에 쌓은 작은 돌탑 속에서 이끌어낸 사유가 사뭇 깊다. 디카시가 아니었으면 이렇듯 깊은 사유를 이처럼 산뜻하게 표현하기 어려웠을 듯하다.

하얀 조등인가

감지 못한 눈동자인가

하늘로 떠오르는 그날
7월의 넋인가

_「하얀 조등 -노근리 학살 현장」

  디카시는 일상적 삶 속에서 발견한 시적 모티프를 이미지로 포착하여 거기에 언술을 결합하여 독자의 마음에 정서적 반응을 일으키는 예술적 표현양식이다. 뿐만 아니라 사진 이미지가 역사적 상황을 기록하는 기능도 지니고 있어 사회, 역사적 사건을 소재로 그 의미를 되새기게도 한다.

  이 작품의 사진 이미지는 6.25한국전쟁 초기에 충청북도 영동군 황간면 노근리에서 미군 제7기병연대에 의해 발생한 민간인 학살 사건의 현장 굴다리다. 사건의 실체가 어떻든 수많은 인명이 총살당했다는 사실 하나만으로 역사적으로 불행한 현장이 아닐 수 없다. 더구나 약소국의 비무장 양민들이라고 한다면 더욱 그 시사하는 의미가 심장할 수밖에 없다.

  굴다리 안쪽 벽엔 수많은 총알 자국이 나 있는데 하얀 페인트로 그 탄흔을 표시해 놓았다. 시인은 그

것을 하얀 조등으로 바라보았다. "감지 못한 눈동자"로 보기도 한다. 그날 학살 현장에서 숨져간 넋에 대한 추모와 위로의 메시지가 이렇게 표현된 것이다.

이처럼 디카시가 그 메시지로 드러낼 수 있는 영역은 한계가 없다. 유의미한 이미지를 얻을 수 있고 '사무사思無邪'한 사유를 예술적으로 형상화할 수 있다면 디카시가 접근할 수 있는 영역은 무궁무진하다고 하겠다.

박소언 시인의 디카시는 자연과 일상생활에 대한 섬세한 관찰로부터 우리 인간 삶의 보편적 순리나 지혜, 가치와 성찰 등을 형상화한다. 비교적 단순한 사진 이미지로부터 역설적인 인간관계의 진실을 포착해 내는가 하면 고난과 고통 속에서도 당당함을 잃지 않는 자존에 대해서도 깊은 사유를 이끌어낸다. 질곡의 세속적 삶으로부터 벗어난 이상향을 에스프리하게 그려내기도 하고 종교적 이미지에 기대어 차안此岸의 세계를 꿈꾸기도 한다. 이렇듯 시인은 디카시를 통해 다다를 수 있는 시적 정서의 다양한 지점을 끊임없이 모색하고 있다. 다소 실험적인 요소와 시도가 없지 않으나 바로 그 점 때문에 더 깊고 간절하게 무한한 영역을 확장해 나갈 것으로 믿는다.